Ma baby encyclopédie Larousse

Les animaux domestiques

Texte : Sandra Lebrun
Illustrations : Céline Riffard

LAROUSSE

Ouaf ! Ouaf !

Le **chien** est toujours content quand il retrouve ceux qu'il aime.
Il remue la queue et se met assis pour attendre sa caresse.

Pour se faire comprendre il **jappe**, **grogne**... mais le plus souvent, il **aboie**.

Un chien a besoin de **soins**. Il faut le **brosser** pour nettoyer ses **poils**.

La **chienne** a eu trois **chiots**. Ils **tètent** le bon lait. Le chien, lui, joue à rapporter le bâton à son maître.

Le meilleur ami de l'homme

Le **chien de sauvetage** retrouve les personnes disparues.

Le **chien de berger** rassemble et protège le troupeau.

Le **chien de traîneau** est très résistant au froid.

Le **chien d'aveugle** guide son maître non-voyant.

Le nez du chien, la **truffe**, est beaucoup plus **efficace** que celui de l'homme. Bien **dressé**, un chien peut trouver des champignons enterrés : les truffes !

Miaou !

Quand le **chat** veut un câlin,
il se frotte contre les jambes.
Aussitôt, il **ronronne** et **miaule.**

Le chat est un excellent **chasseur.**
Même dans la nuit, il trouve des **proies** !

Quand il a peur,
le chat **se hérisse** et souffle.

La **chatte** apprend la propreté à ses **chatons**. Ils **se lèchent** et font leurs besoins dans la caisse. Le chat « **fait ses griffes** » pour les user.

À chaque chat son caractère...

Le **siamois** est « bavard », car il miaule beaucoup.
Il suit partout ses maîtres, comme un chien !

Le **british shorthair** est un des rares chats à accepter les chiens.

Le chat **européen** est attaché à ses maîtres, mais il est très **indépendant.**

Le **persan** aime être au chaud dans un appartement. Pour éviter que des **nœuds** se forment dans les longs **poils** de sa **fourrure**, il faut le **coiffer** régulièrement.

Oh ! Les grandes oreilles !

Le **lapin** se déplace par petits **bonds.**
Il faut le surveiller pour qu'il ne grignote pas les fils électriques.

Les **dents** du lapin poussent tout le temps. Il doit **grignoter** du pain dur pour les **user.**

En respirant, le lapin **remue** son nez en permanence : 120 fois par minute !

La **lapine** a eu huit **lapereaux.** Avec ses poils, elle a préparé un **nid** bien doux.
Ses petits sont tout nus, ils se serrent pour avoir chaud.

Petits rongeurs

Le **chinchilla** n'est pas plus gros qu'un lapin nain. Mais il a besoin de beaucoup plus de place : il fait des **bonds** d'un mètre de long !

La **souris** est un animal vif et curieux. Elle **grignote** tout ! Mais ce qu'elle préfère, ce sont les **graines.**

Le **cochon d'Inde** est très gentil, mais quand il claque des dents, attention aux doigts !

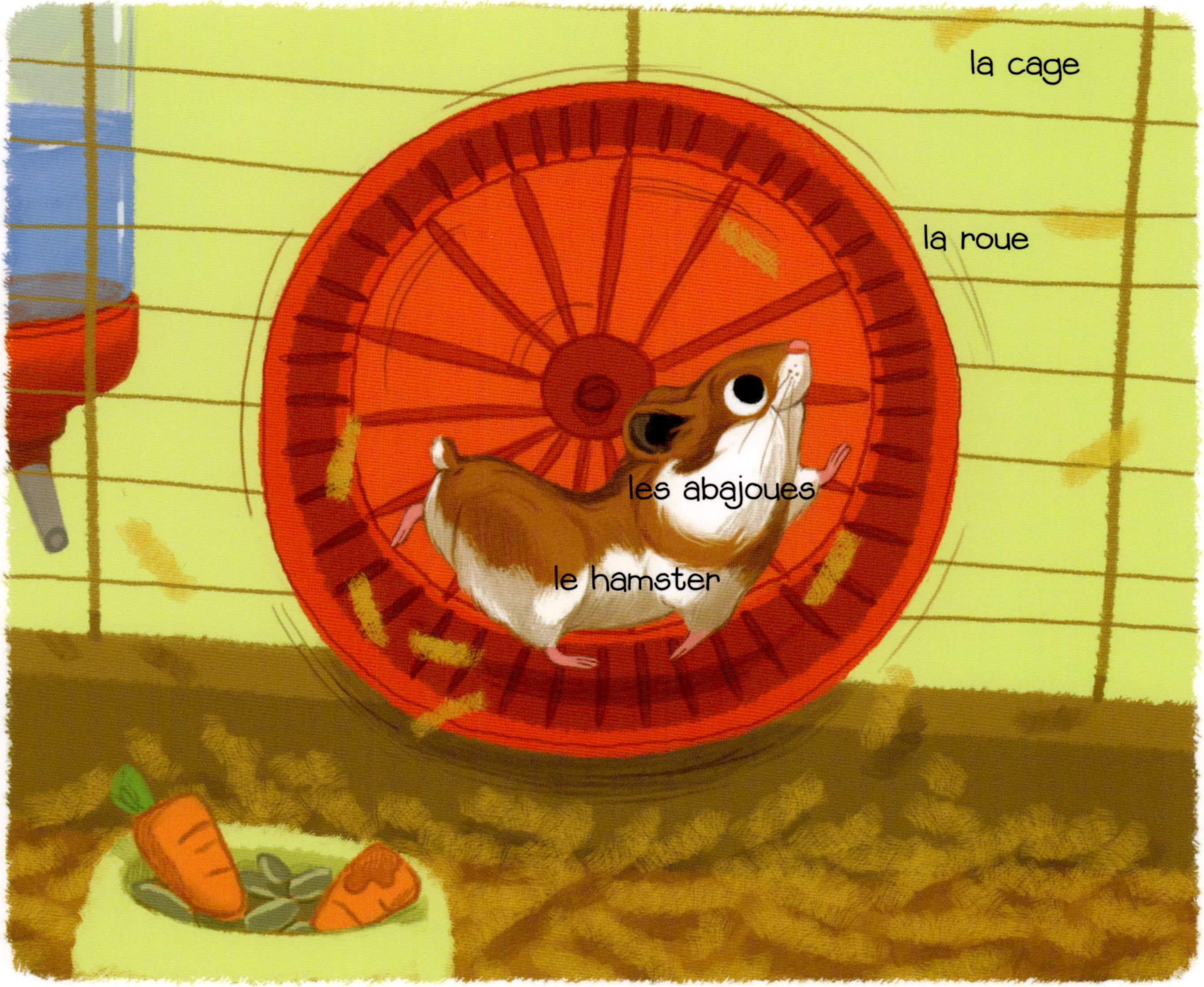

Le **hamster** remplit ses **abajoues** pour transporter sa nourriture.
Pour **se dégourdir** les pattes, il court très vite dans la **roue.**

Chez le vétérinaire

Le **vétérinaire** est le **docteur** des animaux. Il connaît leur caractère, les **soins** à leur donner et l'espace à leur réserver dans une maison. Il peut aussi **conseiller** pour choisir un animal.

À chaque **visite**, le vétérinaire vérifie que l'animal est en bonne **santé**.

Pour **protéger** l'animal, le vétérinaire lui donne des **vermifuges** et des **antipuces**, et le **vaccine** contre les maladies dangereuses.

Ça bulle !

Le **poisson rouge** nage grâce à ses **nageoires.** Il en a sur le dos et sur le ventre. Sa queue s'appelle la **nageoire caudale.**

Pour **respirer**, le poisson récupère l'**oxygène** de l'eau : il l'avale par la **bouche** et la recrache par les **ouïes.**

Le poisson rouge peut vivre 30 ans ! Il aime nager en **banc**, avec d'autres poissons, et a besoin d'un grand **aquarium**. Il ne supporte pas d'être dans un **bocal**.

Cui ! Cui !

Le **canari** mâle est très apprécié pour son **chant.**

Le **mainate** et le **perroquet** peuvent **imiter** la voix de l'homme.

Une **tourterelle** fait sa toilette, tandis qu'une autre **roucoule** sur le nid. Pendant quinze jours, le mâle et la femelle **couvent** les deux œufs.

Les devoirs du maître

Un animal a besoin de manger correctement et de boire tous les jours.

Il faut **régulièrement** emmener son animal chez le **vétérinaire.**

Il faut lui prévoir un lieu **agréable** pour dormir.
Et son **espace de vie** doit toujours rester **propre.**

Chaque animal a besoin d'**attention.**
Quand on s'en occupe bien et qu'on l'aime, il devient un vrai **ami** !

À toi de jouer !

❶ À qui appartiennent ces empreintes ?

Colle à côté de chaque empreinte l'animal correspondant.

❷ À chaque animal son cri…

Colle à côté de chaque animal la bulle qui correspond à son cri.

❸ À poils, à plumes ou à écailles ?

Colle à côté de chaque animal ce qui recouvre son corps.

❹ Le chien a perdu sa niche !

Quel chemin doit-il emprunter pour la retrouver ?

Direction de la publication : Isabelle Jeuge-Maynart et Ghislaine Stora
Direction éditoriale : Stéphanie Junique et Florence Pierron-Boursot
Édition : Magali Marquet
Responsable artistique : Laurent Carré
Mise en page : Christelle et Bertrand Defretin
Illustrations de couverture : Céline Riffard
Lecture-correction : Fanny Barba
Fabrication : Nicolas Schott

21, rue du Montparnasse
75006 Paris

ISBN : 978-2-03-588998-0
Photogravure : Irilys
Imprimé en RPC
Dépôt légal : octobre 2013
311114-01/11021559-septembre 2013

Conforme à la loi n° 49 956 du 16 juillet 1949 sur les publications destinées à la jeunesse.

jeu n° 1 *Colle chaque animal à côté de l'empreinte qui lui correspond.*

jeu n° 2 *Colle chaque cri à côté de l'animal correspondant.*

Ouaf !
Ouaf !

Miaou !

Cui ! Cui !

jeu n° 3 *Colle à côté de chaque animal l'autocollant qui lui correspond.*

Amuse-toi à décorer tes cahiers !